JN273539

はじめての新聞学習

新聞を作ってみよう！

構成・文●古舘綾子
絵●うしろだなぎさ

童心社

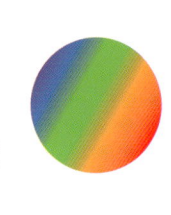

新聞作りのラッキー7

この本では、新聞学習のひとつ、「新聞を作る」について紹介します。実際に取材して原稿を書き、デザインをして自分で新聞を作ってみましょう。
「新聞学習って、めんどうくさい〜」というひとでも大丈夫。
この本のやり方で続けると、つぎのようなラッキー7がおとずれるかもしれません。

1 自分たちの意見を知ってもらえる

自分たちで作る新聞は、自分の意見をどうどうと伝えるチャンス！

2 読者がいる

作文やレポートとちがい、読者を想像しながら作るのが新聞。
もしかしたら、あなたの記事のファンができちゃうかも！

3 直接感想も聞けちゃう

読みあった感想を伝えあうから、友だちの意外なセンスを発見できます。

4 チームワークがよくなる

グループでの新聞作りはおたがいの個性やがんばりが見えるので、思いやりが深まります。

5 自分の意見をわかりやすく伝えられるようになる

取材、下書き、本番とたくさん文章を書くので、ぐんぐん伝えるコツがつかめます。

6 作文がうまくなる

書くことになれると、長い作文もへっちゃら！になります。

7 ほめられる

「楽しく工夫して新聞作り＝新聞学習」なので、「勉強してえらい！」「すごいね！」とほめられます。

新聞を作ってみよう！ もくじ
はじめての新聞学習

新聞作りのラッキー7 ……2

学校で作る新聞には、どんなものがあるの？
学校新聞、学級新聞、学習新聞 ……6

新聞を読んでもらうには？ ……10

新聞作りの流れは、どうなっているの？ ……12

いざ、作業開始！
- その1　編集会議 ……16
- 　　　 編集会議のお手本 ……18
- その2　紙面構成 ……20

さあ、わりつけよう！
- お手本例1……22
- お手本例2……24

取材をしよう！
- その1 取材準備……26
- その2 持ちものとマナー……28

さあ、新聞を作ろう！
- その1 記事を書こう！……30
- その2 編集のテクニック……32
- その3 仕上げのテクニック……34

おつかれさま！
- みんなで読みあおう！……36

新聞社のコンクールに応募してみよう！……38

くろねこのお助けシート……40

コピーして使える
- 「新聞編集会議シート」……41
- 「新聞わりつけシート」……42
- 「新聞取材シート」……44
- 「5W1H整理シート」……45

さくいん……46

学校で作る新聞には、どんなものがあるの？

学校で作る新聞は、およそつぎの3種類です。

それぞれ少しずつテーマがことなりますが、どの新聞もテーマの企画、取材、原稿書き、デザインの作業があります。

新聞にまとめると、文字の大きさや色など、デザインを工夫する楽しみもあります。グループで作る場合は、記事を書くひと、写真やイラストを用意するひと、文字をデザインするひとなど、それぞれの得意分野をいかすこともできます。

新聞作りでは、ものごとの理解を深め、伝える力を楽しんで学習しましょう。

得意なことを生かそう

新聞には、「ひと目でたいせつなことを伝える」という目的があります。

また、新聞の原稿を書くときは、かぎられた文字量にまとめるので、自分がつかんだ情報を整理し、理解を深めることができます。つまり、勉強にもなるのです。

新聞は読むひとがいることを前提として作るので、自分の意見を読んでもらえるチャンスもあります。完成した新聞を発表しあう授業では、自分が学んだおもしろい知識を伝えたり、おもしろいと思ったことを紹介することもできます。

反対に、読むひとにとっては、わかりやすく読み新しい知識が得られ、自分の考えを深めることもできます。

作文やレポートとちがい、新聞は読むひとがいることを

Q なぜ、学校で新聞を作るの？

A ものごとの理解を深め、自分の考えを伝える力をつけられる学習だからです。読んでくれるひとがいるので、作文やレポートよりも楽しいですよ。

学校新聞

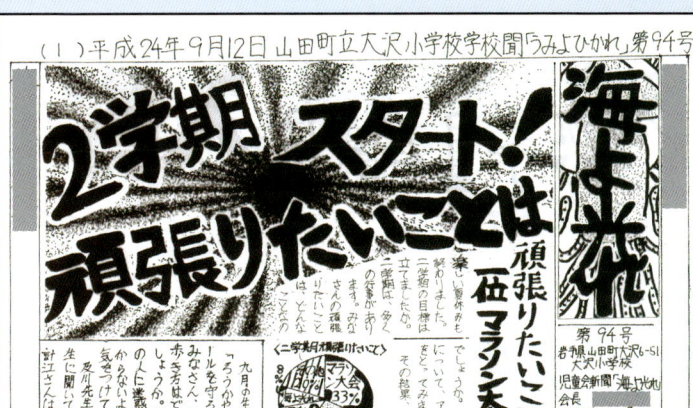

だれが作るの?
- 新聞委員会、各種委員会など。

どんな内容?
- みんなが知りたい学校のニュース。
- 災害や事故など、身をまもる情報。
- 委員会でお知らせしたいことなど。

だれが読むの?
- 学校にいる全員と、学校にかよっているひとの家族。
- 地域のひとなど。

岩手県山田町立大沢小学校の学校新聞（平成24年9月12日発行）。

> われわれねこも新聞作るかにゃ

こんなこともテーマになるよ！
★ ウサギのハッピーが、赤ちゃんを生みました。
★ 図書室に新しい本がはいりました！
★ 手洗いうがいで風邪予防をしよう。

学級新聞

だれが作るの?
- クラスの仲間、新聞係、班ごとに交代制など。

どんな内容?
- クラスの話題。
- 話し合いたい問題や解決したいこまりごと。
- クラスの仲間の活躍や活動など。

だれが読むの?
- クラスや同じ学年の仲間、クラスの仲間の家族、同じ学年のひとの家族、学校の先生方など。

北海道苫小牧市立泉野小学校6年2組の学級新聞（2012年2月3日発行）。

金魚!? ウヒヒヒにゃ

こんなこともテーマになるよ!
★ 6年2組で金魚を飼うことになりました!
★ 5年生クラス対抗大縄とび大会で5年3組が優勝!
★ ボールのじょうずな片づけ方を募集!

学習新聞

だれが作るの？
- クラスの仲間、新聞係、班ごとに交代制など。

どんな内容？
- クラスの話題。
- 移動教室の事前学習、学校や学年の行事など。
- 勉強にやく立つテーマ。

だれが読むの？
- クラスや同じ学年の仲間、クラスの仲間の家族、同じ学年のひとの家族、学校の先生方など。

愛知県豊橋市立吉田方小学校6年1組の学習新聞（平成23年11月10日発行）。

こんなこともテーマになるよ！

★『リサイクル新聞』生活をみなおしてみる。
ペットボトルのキャップ430個で10円のワクチン代になる。ポリオワクチン1回分は20円。20円でひとりの子どもが助かるとしたら？

★『宮沢賢治新聞』宮沢賢治を知るために。
賢治は猫好き？『どんぐりと山猫』『セロ弾きのゴーシュ』など作品には猫がいっぱい！ 賢治ゆかりの「いわて銀河鉄道線」とは？

新聞を読んでもらうには？

自分たちで作った新聞を読んでもらうには、ふたつの方法があります。

かべに貼る

学級新聞や学習新聞など、みなさんが学校で作る新聞は、このかべに貼るタイプが多いでしょう。

1枚の紙に手書きでしあげます。カラーペンを使って、文字やイラストをデザインして、工夫をこらしましょう。

貼りだすときは、模造紙など大きめの紙に、はっきりした字で書くと、読みやすくなります。大きな紙は、遠くからでも目立つので、読んでくれるひとの注目を集められます。

貼る場所も重要です。クラスだけに知らせるニュースなら教室の近く、たくさんの生徒に知らせたいなら玄関やホールといった場所がよいでしょう。

はがきサイズの紙を使って新聞を作ることもあります。

Q 新聞を読んでもらうには、どうしたらいいの？

A 「かべに貼る」ものと「印刷してくばる」ものがあります。
カベに貼るものは、1枚だけの製作なので、大きめの紙がいいでしょう。カラーペンを使って、自由にデザインしてみましょう！
「印刷してくばる」新聞は、学校全体に知らせたい情報が向いています。

印刷してくばる

学校新聞など、学校全体に知らせたい情報の新聞は、印刷することもあります。

たいていは印刷機で印刷できるA3、B4、A4、B5という大きさになります。インクも黒が一般的です。手間はかかりますが、印刷したあと、目立たせたいところに色をぬることもできます。

B5は、みなさんがふだん使っているノートの大きさです。紙の大きさのよび名なので、おぼえておくと便利です。ちなみに、この本の大きさはA4です。

紙の大きさ

B5サイズ
182ミリ×257ミリ

A4サイズ
210ミリ×297ミリ

B4サイズ
257ミリ×364ミリ

A3サイズ
297ミリ×420ミリ

> にゃにゃにゃに！
> こんどの新聞は字も大きくて、読みやすいにゃ

> おもしろいにゃ！
> きみも読んでにゃ

新聞作りの流れは、どうなっているの?

新聞を作る手順をみてみましょう。まずは編集会議です。みんなで作るときは"グループ会議"で、ひとりで作るときは"自分会議"で、どんなニュースにするか、紙の大きさはどうするかなどのアイデアを出します。

① はじめの編集会議

★ テーマ（企画、記事）をだしあって、テーマを決める。

★ 新聞名の候補を出す。

★ いつまでにどんな作業をするか、決める。月に1回ぐらい発行するのが理想ですが、むりなスケジュールは、"続かない"原因となります。まずは、1学期に1回など、自分たちに合ったペースでの発行をめざしましょう。

▶ 班で作るなら、分担も考えましょう。

> ひとつひとつのくわしいアドバイスは、このあとのページにあるにゃ

12

③ テーマの取材をする（調べる）

★図書館や博物館などで資料を集める。
★必要なら、インタビューをする。

② テーマを決めたらわりつけを考える

★どこに、どんな記事を入れるか（わりつけ）考える。
★トップ記事（一番伝えたいこと）を、どうやって見せるか考える。
★見出しと本文の文字の大きさをどのくらいにするか、だいたいの大きさを決める。

④ つぎの編集会議

★集めた情報から、のせる記事をしぼり込む。
★トップ記事以外は、記事ごとに、どのくらいのスペースが必要かを決める。
★見出し、本文の文字の大きさなどを決定する。
★記事にふさわしい新聞名を決める。
▶記事の数は、4～5個くらいが読みやすい。

❺ 記事を書くには

★記事は、見出し・本文・イラスト（写真）、グラフなどの三つで構成。
★はじめて読むひとにもわかりやすいかどうか考えて、記事を書く。
★わりつけの文字数にあわせて、できるだけぴったりおさまるように書く。
★イラストを入れるときは、できるだけ図柄を決める。
★グラフを入れるときは、棒グラフ、円グラフなどの種類を決める。

いよいよ最終段階！

❻ 書いた記事を校正する

★見出しや記事の文字に、まちがいやぬけがないかチェックする。
★内容にまちがいがないか、わかりやすいかチェックする。

❼ 記事を清書する

★新聞にする紙に、ていねいに書く。
★本文の文字は、えんぴつで下書きしてマジックで清書すると読みやすい。
★かべ新聞にする場合は、読みやすく目立つ色のデザインをする。

8 最後の文字校正

★ 清書にまちがいがないか、チェックする。
★ 印刷する場合は、よごれがないか確認する。よごれがあったら、修正液で白くぬる。

⑨ 発行・配布

さあ、読んでもらおう！

★ かべ新聞は、学校のルールを守って貼る。
★ クラスや学校のみんなに配る。

⑩ 新聞発表会

★ できあがった新聞をみんなで読みあう。
★ 感想をのべたり、聞いたりして、つぎの発行にいかす。

いざ、作業開始！
その1 編集会議

編集会議で決めたいこと

① どんなテーマの新聞を作るか？
- 学校新聞、学級新聞、学習新聞で、それぞれにふさわしいテーマをとりあげる。
- どの新聞を作るか、だれに読んでもらうかなどを考えて、必要とされるテーマを選ぶ。

② 新聞には、どんな記事をのせるか？
- 1枚の新聞にのせる記事の数は、多くても4〜5個がベスト。
- 10個くらいアイデアを出そう！

Q 編集会議ってなにをすればいいの？

A どんな新聞を作るか、考える会議です。どんなことを伝えたいか？ どんな記事をのせたら、みんなが読んでくれるか？ その記事を書くには、取材が必要か？ いつまでに、だれが、どんな作業でまとめるのか？ ふさわしい新聞名は？ などを決めましょう。

16

③ 発行方法や大きさはどうする?

- かべに貼るか、印刷してみんなにくばるかで、大きさもことなる。
- 紙が小さいと、のせられる記事や写真が少なくなる。その場合、2枚にしたり、両面に印刷したり、つぎの号を出すなどが考えられる。

④ 記事の内容はなにで調べるか、あるいはだれに聞くか?

- 本で調べたことをまとめる→図書館や博物館を利用。
- インタビューをする→くわしく知っているひとに聞く。
- アンケートで記事をまとめることもできる。その場合は、何人にアンケートをするか。男女別、クラスごとなど、意見のまとめ方を決める。このときにアンケート方法も考えておくと、早くできる。

⑤ 書いた記事は、どんなふうにデザインしてみせるか?

- アンケートの集計結果は、グラフや表にするとわかりやすい。
- 本文の内容にあったイラストが入っていると、読みやすい。
- とくに読んでもらいたい部分は、色で強調する。

⑥ 新聞名はなににするか?

- 自分や仲間にふさわしい名前にする。
- 自分たちが愛着をもてる、気に入った名前にする。

⑦ 発行者名は? 発行日は?

- 発行者名と発行日を決める。
- 題字(新聞名)、発行者名、発行日などが入ってはじめて新聞となる。

> 編集会議で決めたことは、作業の途中で見なおしながら進め、きちんと記録しておくにゃ

いざ、作業開始！
その2 編集会議のお手本

ここからは、「小学生が作る防災新聞」を例に、新聞作りにチャレンジしてゆきます。

新聞編集会議シート　6年1組　氏名 前原ひろし

項目	内容
○月×日	発行 第1号　担当 1班
テーマ	決定
どんなテーマの新聞を作るか？	・小学生のための防災新聞を作る。 ・日常の危険もあわせて知らせる。
新聞には、どんな記事をのせるか？	・避難場所をお知らせする。 ・通学のときに危険だと思われる場所を紹介。注意をはらうことで、危険を少しでも減らそう！ ・4コママンガがあるとよい。
発行方法や大きさはどうする？	・かべ新聞に決定！ ・くつ箱の前の廊下に貼りだして、みんながいつも読めるようにする。

> 巻末に、コピーして使える「編集会議シート」があるから、それを使うと、かんたんにゃ

記事の内容はなにで調べるか、あるいはだれに聞くか？	● クラスのひとに聞く。 ● 家族に聞く。 （同じ学校に通う兄弟、学校に来るお母さんなど） ● 主事さんに聞く。
書いた記事は、どんなふうにデザインしてみせるか？	● 避難場所の写真を入れる。 ● 避難訓練の過去の集合にかかった時間を先生に聞く。 ● 避難時間をグラフでみせる。棒グラフで！ ● 親など、おとなの防災活動もニュースとしてとりあげる。 ● 猫町の歴史がわかるかこみ記事を作る。 ・福猫寺の七不思議に決定！ ・二重線でかこむ ● トップ記事、セカンド（2番目）記事、サード（3番目）記事の見出しの色を変える。
新聞名はなににするか？	● 猫町小防災新聞
発行者名は？発行日は？	● 猫町小学校（今回は6年1組1班） ● 発行日は○月×日とする。

＊巻末にコピーして使える編集会議シートがあります。

> ふーむ。にゃるほど！

いざ、作業開始！
紙面構成

Q: 新聞の紙面構成って、なに？

A: 紙面に発行日、号数、題字、発行者を入れるという決まりです。これが入っていないと、新聞とみとめられません。

発行日
新聞が発行された日。
▶自分たちで、いつ発行するか決める。

号数
新聞が最初に発行されたときからの通し番号。年度ごとに変えることもある。
▶○年の春号、夏号、1学期1号などとつける。

欄外
外わくの上や下にも、発行日、新聞名、号数を入れる。

題字
新聞名を入れる。新聞の顔として長く使うので、よく考えて作る。
▶カラーにしても楽しいよ。

発行者など
新聞を発行している団体や個人名を入れる。
▶クラス名や委員会名、作ったひとの名前を入れよう。
▶題字下：題字下の部分に、号数、発行日、発行者を入れる。

> 配達される新聞にも入ってるにゃ

2013年 〇月 ×日　　　猫町小防災新聞　　　第1号

津波避難訓練を実施！

猫町小防災新聞

第1号
猫町小学校
6年1組第1班
2013年〇月×日

福猫山頂上の津波避難場所を確認
全校生徒集合・点呼まで、訓練史上最速の20分で避難完了！

〇月×日、猫町小学校全校生徒と先生方で、津波避難訓練を行いました。学校うら福猫山頂に、学校全校生徒のために津波避難場所として、認定されています。猫町商店街から、「津波避難場所」の看板どおりに進むとたどりつけるので、友だち同士や家族で、避難場所ですが、津波避難場所としてなじみのある場所です。

福猫山は1年生の遠足や、ふだんの遊び場としてなじみのある場合できたので、緊急放送から点呼まで20分という早さで学校を出発。車に気をつけながら小走りで、すばやい移動を練習しました。

看板どおりに進むとたどりつけるので、友だち同士や家族で、訓練してみるといいと思いました。

4コママンガ

避難時間の変化

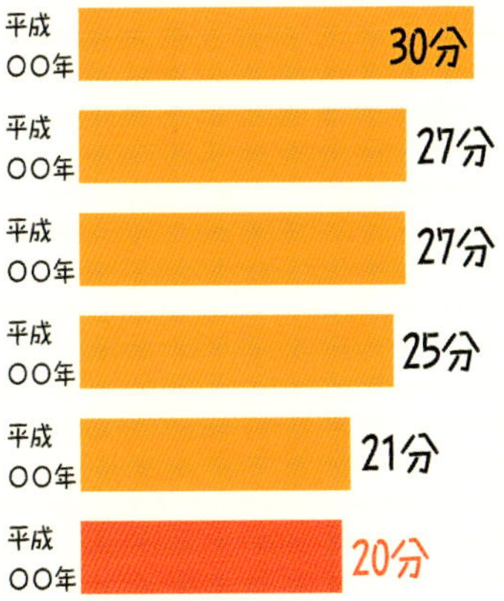

平成〇〇年	30分
平成〇〇年	27分
平成〇〇年	27分
平成〇〇年	25分
平成〇〇年	21分
平成〇〇年	20分

6年1組4班が、③番通学路を調査

〇月▲日、6年1組4班が、③番通学路（通称、お地蔵さんルート）を歩いて、危険調査をしました。③番通学路は、2丁目のT字路で、自転車とぶつかりそうになる「ヒヤリ事故」が多い道だからです。

当日は4班に前田さんのお母さんと古山さんのお母さんが、いっしょについそってくれました。前田さんのお母さんは「この角は、大人でもぶつかりそうでこわいわ。」といっていました。

猫町小学校では、背の高いおとなでも見通しがきかない場所などでは、「右へ曲がります」「曲がるコール」などをする習慣を持ちたいと思いますが、いかがでしょうか。くわしいことは、生徒朝会で呼びかけたいと思います。

お母さんたちが救急救命講習

〇月〇日、ミーティングルームで、保護者むけの救急救命講習会がおこなわれました。AEDの使い方を教えにきてくれた猫町消防署の田中さんは、「猫町小学校のおかあさんたちは、とても真剣でじょうずでした。」といっていました。お母さんたち、いつも猫町小学校のために、ありがとうございます。

福猫寺の七不思議
①呪いの埋蔵金

福猫山にある、福猫寺に伝わる「福猫寺七不思議」について、紹介してゆきます。

福猫寺には、"黄金の招き猫と大判小判"の場所をしるした古地図が伝わっています。しかし、その宝には呪いがあるそうです。次回は呪いについてです。

さあ、わりつけよう！

お手本例1

大見出し
読者の目をひきつけるための題。だいたい10文字くらい。トップ記事の内容が大見出しになる。

トップ記事
一番伝えたい記事。一番大きくスペースをとる。

リード
トップ記事の内容をみじかくまとめた文章。ここを読んだだけで、内容がわかるように書く。

セカンド記事
二番目に伝えたい記事。トップ記事より小さめにする。

サード記事
三番目に伝えたい記事。セカンド記事より、さらに小さなサイズにする。

段
上下に何文字、左右何行と一定のはばに区切ったもの。ここでの一段は、1行10文字、32行。7段で1ページとした。

かこみ記事
連載や小さな記事。太い線やかざりけいという線でかこむので、この名でよばれる。紙面の左上か右下におくと、わりつけしやすい。

4コママンガ
あってもなくてもいいけれど、あると楽しいのは、みなさんの方がよく知っているでしょう。ぜひ、入れてみよう！

Q どうやってわりつければいいの？

A 見ただけで記事の重要度がわかるように。一番伝えたいトップ記事を一番大きくのせる。二番目、三番目と記事の大きさをだんだん小さくしていく。イラストや写真を入れると、読みやすいよ！

22

年　月　日　　　　　　　　　　○○○新聞　　　　　　　　　　第○号

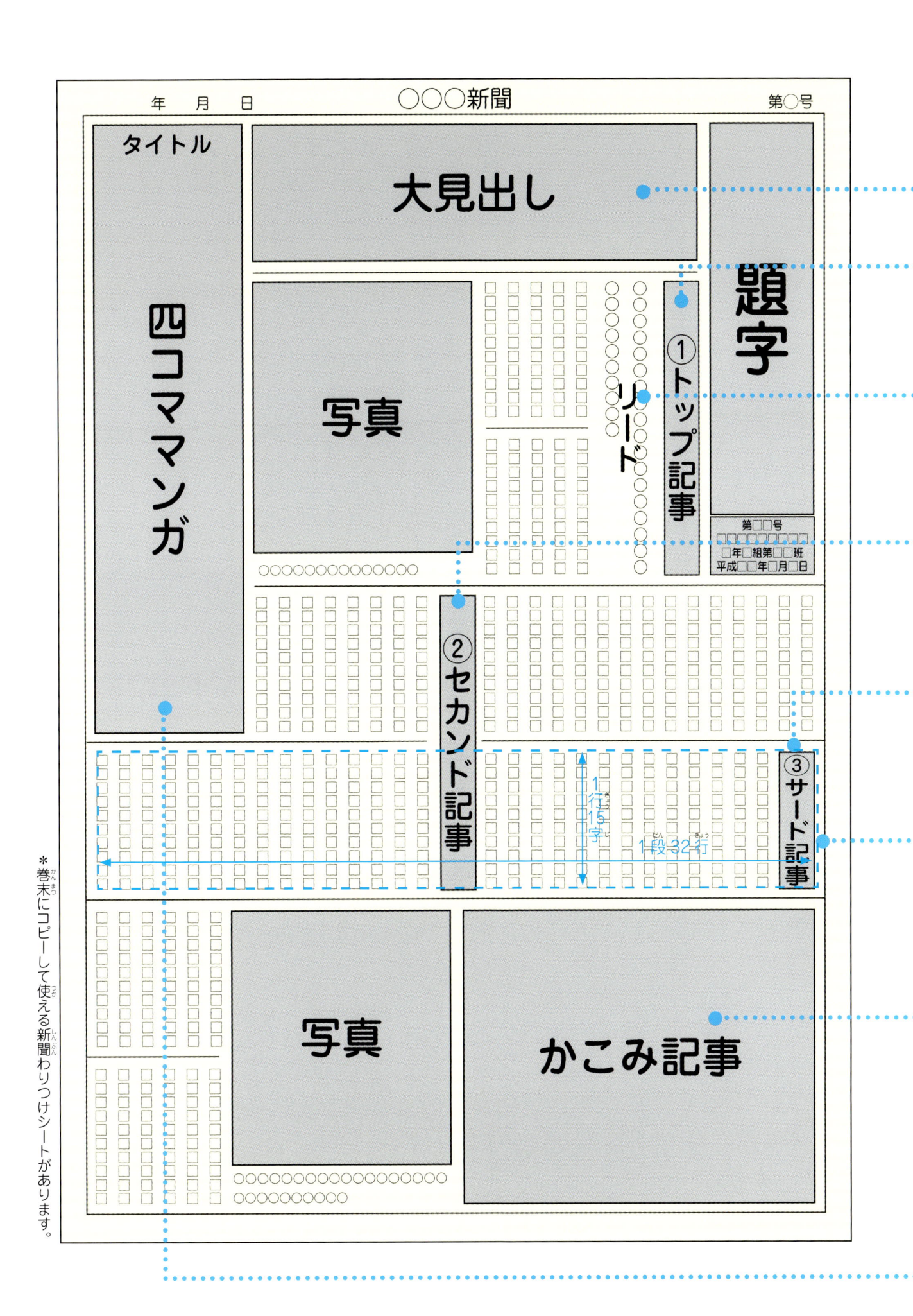

タイトル

大見出し

題字

四コマンガ

写真

① トップ記事

リード

第□□号
□年□組第□□班
平成□□年□月□日

② セカンド記事

1行15字　1段32行

③ サード記事

写真

かこみ記事

＊巻末にコピーして使える新聞わりつけシートがあります。

23

さあ、わりつけよう！

お手本例2

新聞のわりつけには、流しぐみと区画ぐみの二種類がよく使われます。

流しぐみ

見出しや写真のあいだに、上段から右→左と記事を流しこんでいくわりつけ。一番よく使われる。紙面の対角線上に見出しをおくので、「X字型」とよぶこともある。バランスがよく、目の動きに合っているので、読みやすい。かこみ記事を左上か右下におくと、わりつけしやすい。

猫町小防災新聞 第1号　2013年〇月×日

津波避難訓練を実施！

第1号
猫町小学校
6年1組第1班
2013年〇月×日

全校生徒集合・点呼まで、史上最速の20分で避難完了！
福猫山頂上の津波避難場所を確認

〇月×日、猫町小学校うら福猫山山頂で、津波避難訓練のために、学校全校生徒と先生方で、津波避難訓練が行われました。全校生徒が集合できたので、緊急放送から点呼まで20分という早さで学校を出発、車に気をつけながら小走りで、すばやい移動を練習しました。

福猫山は6年生の遠足や、ふだんの遊び場としてなじみのある場所として、認定されていますが、「津波避難場所」の「冒頭商店街から、「津波避難場所」どおりに進むとと思いつけるので、友だち同士や家族で、避難訓練してみるといいと思いました。

4コママンガ

避難時間の変化
- 平成〇〇年　30分
- 平成〇〇年　27分
- 平成〇〇年　27分
- 平成〇〇年　25分
- 平成〇〇年　21分
- 平成〇〇年　**20分**

6年1組4班が、③番通学路を調査

〇月▲日、6年1組4班が、③番通学路（通称：お地蔵さんルート）を歩いて、危険調査をしました。2丁目のT字路が「ヒヤリ事故」になる「ヒヤリ事故」が多い道だからです。

当日は4班に前田さんのお母さんと古山さんのお母さんが、いっしょにつきそってくれました。前田さんのお母さんは「この角は、大人でもぶつかりそうでこわいわね。」といっていました。

猫町小学校では、塀の高いおとなでも見通しがきかない場所などでは、「右へ曲がります」などと、とても真剣で、「曲がるコール」をする習慣を持ちたいと思いますが、いかがでしょうか、くわしい

お母さんたちが救急救命講習

〇月〇日、ミーティングルームで、猫町消防署の田中さんを教えにきてくれた猫町消防署の田中さんは、「猫町小学校のおかあさんたちは、とても真剣で、じょうずでした。」といっていました。お母さんたち、いつも猫町小学校のために、ありがとうございます。

福猫寺の七不思議
①呪いの埋蔵金

福猫山にある、福猫寺に伝わる「福猫寺七不思議」について、紹介してゆきます。

福猫寺には、"黄金の招き猫と大判小判"の場所をしるした古地図が伝わっています。しかし、その宝には呪いがあるそうです。次回は呪いについてです。

区画ぐみ

紙面をけい線で同じ大きさに区切り、それぞれの記事を入れるわりつけ。

すべての記事を同じように取りあげるときや、特集などでひとつずつ話題をとりあげたいときによく使う。

> かつおぶしは人気のおやつじゃないのにゃ！？

猫町小たべもの新聞 2013年 ○月 ×日　第1号

猫町小たべもの新聞
第1号
猫町小学校
4年1組3班
2013年○月×日

猫町小学校4年1組では、「文句なしにうれしい！」おやつについて、アンケートをとりました。先に帰った兄弟に食べられてしまったり、お母さんが出すのを忘れたり、じつは好きな味じゃなかったり、おやつにはハラハラドキドキもふくまれています。4年1組で、文句なしにうれしいおやつは、何だったのでしょうか？田中先生は、するめと柿の種（おせんべいの一種）がいいそうです。「小さいのでいいから、ビールもつくとすごくうれしい」といっていました。ビールはおやつじゃないと思います。

1位 ケーキ
1位はふだんのおやつでもうれしいケーキでした。

理由
- イチゴのショートケーキがいい。赤いイチゴを見ると、元気がでそう！
- チョコレートは気持ちを落ち着ける効果があるから、チョコレートケーキ。
- チーズケーキなら最高！できれば、レア！
- シュークリームもケーキのなかま？シュークリームがいい。

2位 ポテトチップス
あまいものだけじゃなくて、塩味も人気でした。

理由
- 濃い、コンソメの味が好き。
- サクサク歯ごたえが、ストレスを解消してくれそう。

3位 チョコレート
非常食としても有名です。

理由
- 登山や遠足などの非常食にもなるほど、元気がでるおかしだから。
- ピーナッツやクッキーなどが入っていると、ひとつで2倍楽しめる。

4位 アイス
季節を問わず人気です。

理由
- 夏のおやつは、これしかない！
- 冬でも食べたい。

5位 プリン
「食べたあとは、カップとして使う」という感想も。

理由
- やさしい黄色に、いやされる。
- どんなに食欲がないときでも、これだけは食べられるから。

6位 たこやき
「おやつじゃなくて、ごはん」という意見もありました。

- あつあつを、はふはふ食べると幸せ！
- 焼いているときから、いいにおいがするのが好き。

その他
そのほかには、クッキー、ねこねこ堂のおまんじゅう、チューイングキャンデー、えびせんべい、グミなどの意見もありました。

アンケートにご協力くださったみなさん、どうもありがとうございました。

取材をしよう！

その1 取材準備

Q. 取材の準備はどうすればいいの？

A. 取材には、「（本などで）調べる」「インタビューする」「アンケートをとる」などがあります。インタビューでは、「読むひとはなにが知りたいか」「どう聞いたら答えやすいか」を考えて、質問事項を作っておきましょう。アンケートをとる場合は、質問事項と、集計結果のグラフの種類も決めておきましょう。

取材する相手について調べる
● 取材する相手が、なにについてよく知っているのかを調べ、質問事項を考えておく。
● 「こういうことを質問する予定です」と、取材前に知らせておくと、取材がスムーズになる。
● 取材の相手は、わざわざ時間を作って新聞の取材をうけてくれる。思いつきやなんとなくではなく、具体的な例をあげた質問などを工夫しよう。

猫町小防災 新聞取材シート　6年1組　氏名　前原ひろし

〇月×日　発行 第1号　担当 1班

記事の種類	質問	答え	トップ記事
1	佐藤先生に聞く いままでの避難訓練にかかった時間は、どのくらいですか？	・平成〇年30分 ・平成〇年27分 ・平成〇年27分 ・平成〇年25分 ・平成〇年21分 ・平成〇年20分	トップ記事
2	避難訓練で知っていると役に立つ情報はありますか？	「津波避難場所」のプレートをたどって行くと、避難場所の福猫山にたどりつける。プレートは、海岸から猫町商店街などをぬけて、福猫山まで続いている。	トップ記事

自分で体験してみる（体験記）
● 自分が実際に体験して書くので、その場にいっしょにいるような感覚を伝えられる。

26

取材する内容について調べる

● 読者が知りたいことはなにか、自分が調べたいことはなにかをはっきりさせておく。

たくさんのひとに意見を聞くときはアンケートが便利

● 答えを選べる質問用紙を作り、まるをつけて回答してもらうようにすると、あとで集計しやすい。
● 回答のとき、選んだ理由も聞ければ、説得力のある記事を書くときの参考になる。
● 1回のアンケートで、質問が3〜5つぐらいだと、答えやすい。
● アンケート結果は、棒グラフ、円グラフ、折れ線グラフなどから一番わかりやすいグラフで作る。

	5	4	3
メモ	「福猫寺七不思議」について調べるには？	古山さんのお母さんに聞く 生徒以外がかかわっている、猫町小の防災の話はありますか？	避難路や通学路で、危険だと思う道を前田さんのお母さんに聞く その理由も？
	かこみ記事	サード記事	セカンド記事
＜セカンド記事取材＞ 前田さんのお母さんと古山さんのお母さんがつきそってくれる。 ○/○日 3時30分に校門に集合！	猫町図書館の『猫町の歴史とくらし』（猫田猫太郎著）で調べる。第1回は「呪いの埋蔵金」。	お母さんたちが「救急救命講習会」をやった。（○月○日、ミーティングルームで）猫町消防署の田中さんが先生として来校。	③3番（お地蔵さんルート） 2丁目のT字路で、自転車とぶつかりそうになる「ヒヤリ事故」が多い。
＜福猫寺の七不思議＞ ①呪いの埋蔵金 ②狛犬がわりの猫 ③猫仏のおつげ ④かえらずの猫 ⑤ねずみ鳴きのろうか ⑥猫の盆踊り ⑦毛はえヒゲはえ塚			

取材をするときの注意

● 名前、住所、電話番号、生年月日、家族構成などの個人情報は、必ずインタビューしたひとに新聞にのせてもよいかどうかたしかめる。
● インターネットの情報を使うときは、市町村や博物館などできるだけ公共の機関のものにする。
● 個人情報はなくしたりしないようにていねいにあつかう。
● まちがったことを書かないために、内容をきちんと確認する。

図書館などで本や資料で調べる

● 自分が使った資料の題名、作者、その本や記録がだされた年月日を取材メモに記録する。

＊巻末にコピーして使える新聞取材シートがあります。

取材をしよう！ その2
持ちものとマナー

取材に必要な持ちもの

メモ用紙とバインダー
質問を書いた紙に、インタビューを書きとめると取材がスムーズにいく。急にメモしたいこともあるので、すこし多めに用意する。立ったまま聞くことも多いので、机のかわりになるバインダーがあると便利。
メモ帳を使うなら、ふにゃふにゃしない、表紙がかたいものが書きやすい。

筆記用具
ふだん使いなれているえんぴつやペンが便利。消しゴムは「けしかす」がでるので、使わないようにする。
美術館などでは、えんぴつ以外筆記用具の使用がみとめられないこともあるので、えんぴつとペンなど何種類か持っていこう。

下調べノート
取材の途中で確認したいこともある。自分で下調べした知識は財産なので、持っていこう。

元気と笑顔があれば大丈夫。がんばれ、小学生新聞記者！

Q 取材の持ちものとマナーは？

A 持ちものは筆記用具、メモ用紙とそれをさえるバインダー、下調べノートです。必要なら、時計やカメラなども用意しましょう。
きちんとした言葉づかいで質問し、しっかり聞きましょう。あとは、学校と同じように、あいさつとお礼がいえれば、大丈夫です。

さらに必要なら

時計
インタビューにおくれない、長びかないために、ときどきチェックしよう。

ボイスレコーダー
あとで取材内容を確認するのに便利。録音するときは、かならず「録音していいですか?」と相手に許可をもらうのがマナー。

カメラ
新聞に写真をのせる場合や、メモできない記録をとるために使う。撮影をするときはもちろん許可をもらう。

取材がうまくいくマナー

相手への感謝の気持ち
おとなは、いそがしい仕事のあいまに取材をうけてくれています。大きな声ではっきりと「○○小学校○年○組の○○です。今日は○○についてお話をうかがいにきました。よろしくお願いします」と、あいさつをしよう。

きちんと自己紹介
はじめて話をうかがう相手には、「○○小学校○年○組の○○です。今日は○○についてお話をうかがいにきました。よろしくお願いします」と、自己紹介しよう。

相手の話をちゃんと聞く
話を聞くときは、相手の目をみて。相手がなにを伝えたいのか、聞きもらさないようにする。

きれいな言葉づかいで
ていねいな言葉づかいをする。どんなにおどろいても「えっ、マジ?」と友だちと話すような言葉づかいはしない。

わからないときはもう一度聞く
真剣に聞いても、聞きとれなかったり、相手の話がわからなかったときには、「すみません、もう一度お願いできますか?」とお願いしてみよう。

さあ、新聞を作ろう！ その1 記事を書こう！

Q 記事を書くときのポイントは？

A
5W1Hとは、いつ、どこで、だれが、なにをした。なぜ、そうした（なった）の？どのように？で、記事を整理することです。ニュース記事と同じように、「いつ、どこで、だれが、なにをした」という文章から書くと、正確でわかりやすい記事が書けます。

新聞5W1H整理シート

年 組 氏名　担当
月 日 発行 第 号

	5W1H 記事（トップ記事・セカンド記事・サード記事・かこみ記事）	When いつ（日、時間、季節）	Where どこで（場所）	Who だれが（ひとや生きもの）
		○月△日	③番通学路で	6年1組の4班と古山さんと前田さんのお母さんのお母さんが

記事を書くときのポイント

まず、わりつけシートをみて、だいたいの文字量を考えます。
文字量が決まったら、正確にわかりやすく、「5W1H」の要素で情報を整理します。5W1Hを整理するには上の表を参考にしてください。

たいせつな情報から書く

ニュースで一番大事なことは、「いつどこで、だれがなにをした」という情報です。新聞は紙面がか

メモ	How どのように （方法）	Why なぜ （目的、理由）	What なにを （なにかをした、なにかをする）
通学路のキケン ③番通学路以外にもある？ ⑤番通学路の ボス犬ゴン太！！	いっしょに通学路を歩いて使っている同級生と	③『ヒヤリ事故』がたくさんありそうになる、	③番通学路では、2丁目のT字路	避難路や通学路の危険な場所を調べた

＊巻末にコピーして使える5W1H整理シートがあります。

ぎられているので、一番大事なことから書きます。
そのあと「なぜ、そうしたのか」「どうやったのか」を伝えて、ニュースの解説や背景を説明します。

例

○月△日に、6年1組の4班と前田さんのお母さんと古山さんのお母さんが、『猫町小防災新聞』の取材で、③番通学路の危険な場所を調べました。③番通学路は、「2丁目のT字路で、自転車とぶつかりそうになる、『ヒヤリ事故』が多い道」だからです。

さあ、新聞を作ろう！
その2 編集のテクニック

Q 編集のテクニックにはなにがあるの！

A
見出し…記事の題名になるようにつけける。問いかけたり、数字を入れたり、印象的につけましょう。

リード…記事を2行ぐらいに、要約した内容にする。これしか読まなくても、記事の内容がだいたいわかるように書きましょう。

キャプション…写真の説明文。内容が、よく伝わるようにつけましょう。

見出し

「見出し」とは、記事のポイントを1行であらわしたものです。記事の題名のようなものといってもいいかもしれません。ひとつの記事に10文字くらいで、読んだひとの印象にのこるようにつけます。問いかけたり、数字を入れたり、シンプルにいい切ったり、読みたくなる工夫をしてみましょう。

目立つ見出しを考えるにゃ！

リード

トップ記事や特集につけます。記事を2～3行ほどに要約したものです。見出しとリードだけ読んでも、記事の内容がだいたいわかるように書きます。

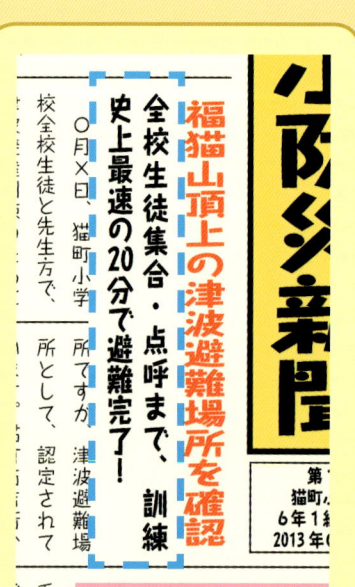

キャプション

写真につける1行ぐらいの説明文のことです。同じ写真でも、つけ方によって印象が変わります。内容がよく伝わるように書きます。

例

猫町小防災新聞の取材をする5班。

「このクロスワードわかるひと、いる?」

うわぁ! 同じ写真なのに、ぜんぜんちがうにゃ!

さあ、新聞を作ろう！
その3 仕上げのテクニック

新聞作りの最後は、紙面のデザインです。デザインによって読みやすさもアップします。

見出しを目立たせよう

新聞はパッと見てわかることが大事です。「なにが書いてあるの？」と気になるデザインを心がけましょう。

とくに、かべに貼る新聞や学習新聞は1枚1枚手書きなので、自由に色をぬることができます。文字を太く大きくしたり、カラフルにするなど、記事を読みたくなるような工夫をしましょう。

目立たない

目立つ

新聞作りの7つ道具

黒のマジック
紙の大きさにあわせて、細字、中字など太さを選ぶ。えんぴつの上からマジックで清書すると読みやすい。

えんぴつ
使いなれているものを。下書きはうすめに書くのがコツ。

カラーペン
見出しを目立たせたり、カラーイラストでアクセントをつけるなど大活躍。色えんぴつ、クレヨンなどでもよい。

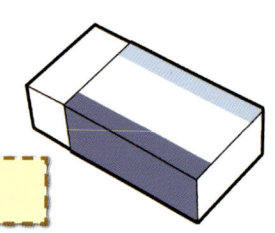

消しゴム
マジックがかわいたら、下書きを消すときれいに見える。

けい線を使おう

かこみ記事や記事のさかいめに入れるけい線も、デザインによって印象が変わります。記事の内容にあわせて、かたちを考えるのもよいでしょう。

いろいろなけい線

- 子持けい
- 波けい
- ミシンけい
- かすみけい
- かざりけい

仕上げ、清書はマジックで

ていねいに書くことが、読みやすく仕上げるコツです。見やすさを考えたり、工夫したりすることは、センスアップにつながります。えんぴつで書いたままでもOKですが、はっきりしたペンでなぞると、さらに読みやすくなります。

切りばりOK！

班やグループで新聞を作るときは、分担する記事ごとに切りわけ、記事の清書ができたらもとのかたちに貼りあわせる方法で作ることもできます。けい線と平行に、ていねいに貼るときれいに仕上がります。

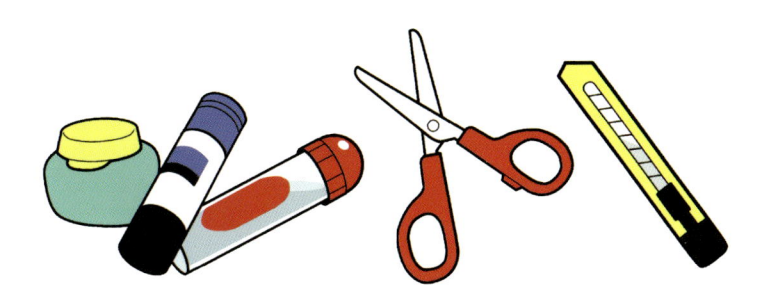

のり・はさみ・カッター

見出し、イラストなどを直す場合は、上から紙を貼って修正すると便利。

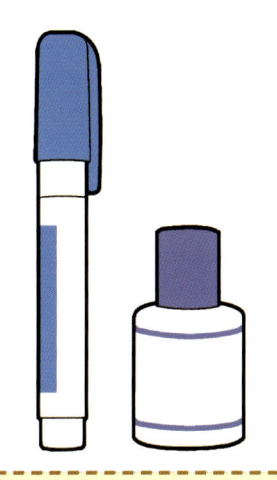

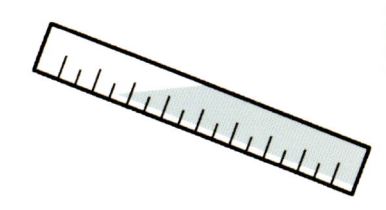

定規

線をひくだけでなく、まっすぐ切ったり貼ったりするときもあると便利。30cmぐらいの長さが使いやすい。

修正液

マジックでまちがえたり、色ぬりのはみ出し、よごれを消す。きれいに修正するためには、液がかわくまでさわらないこと。

おつかれさま！
みんなで読みあおう！

Q 新聞を発行したらそれで終わり？

A みんなで読んで、意見を出しあおう。よかったところを中心に感想や意見を出しあうと、つぎの新聞がぐっとよくなるよ！

発行会議をしよう

一般の新聞は、配達したり、お店にならべたら、最後に新聞社では反省会をします。みなさんが作る学校の新聞でも、最後にできあがった新聞をみんなで読みあい、感想や意見を出しあう発行会議をして、次回の発行に役立てましょう。

取材させていただいたひとへのお礼をいつ、どうやってするかも決めましょう。そのさい、できあがった新聞をとどけたり、貼りだしたこともお伝えするとよろこばれます。

発行できて、ひとまず安心にゃ

- まねをしたくなるような、かっこいいデザインの新聞は?
- 新聞を読んで、はじめて知ったニュースは?
- 遠くからでも、目立った?
- すごい!と思ったマンガやイラストは?
- 発行会議で「すごい!」とおもった意見、感想は?
- お気に入りの見出しは?
- 見出しは目をひいた?
- もう一度読むとしたら、どれ?
- きれいな字で読みやすかった?
- よごれなどなく、きれいに印刷されていた?
- どの記事がおもしろかった?

みんなの意見は、アイデアを刺激するにゃ!

発行会議で交換したい意見

よかったところを中心に、感想や意見を出しあうと、つぎに新聞を作るとき、もっともっとよい作品ができます。
「この記事を、こう読んでくれるのか!」
とわかることもあります。レベルアップのチャンスなので、たくさん意見を交換しましょう。

新聞社のコンクールに応募してみよう！

さまざまな新聞社が、小学生向けの新聞にまつわるコンクールを開催しています。学校、学級、学習新聞のコンクールだけでなく、新聞を読んだ感想や新聞スクラップのコンクールもあります。

自信作をコンクールに応募するのも、上達につながります。じょうずな作品を見たり、ライバルときそいあったり、さまざまに活用して、「新聞作りの達人」や「新聞スクラップ王（女王）」をめざしてみてください。※「新聞スクラップ」については、「新聞を読んでみよう！」参照。
（コンクールの開催や募集要項は変更されることもあるので、応募をするまえに、各新聞社のホームページで確認してください。）

作った新聞を応募してみよう！

全国小・中学校・PTA新聞コンクール

主催

毎日新聞社、毎日小学生新聞、全国新聞教育研究協議会（全新研）

データ

その年の4月以降に発行された「学校新聞」「学級新聞」「学習新聞」「PTA広報」を募集。大きさの指定はなく、かべ新聞も可。
受賞作品は、毎日新聞、毎日小学生新聞、全新研ホームページなどで発表。
参考／平成24（2012）年の募集は、平成25（2013）年1月はじめころ。

新聞の感想を応募してみよう！

HAPPY NEWS

主催
日本新聞協会

データ
新聞を読んで心があたたかくなったり、勇気がわいてくるようなハッピーな記事とその理由を募集する。
子どもから大人まではばひろく募集するが、小学生までの優秀作品は「HAPPY NEWS 小学生」に選ばれる。
参考／平成24（2012）年は、平成24（2012）年3月1日〜平成25（2013）年2月8日の新聞記事の中からハッピーニュースを選ぶことが条件だった。平成24（2012）年は、10月と平成25（2013）年2月の2回。入選作品は、平成25（2013）年4月上旬の新聞紙面、日本新聞協会ホームページ、「新聞をヨム日」関連の配布物にて発表。

いっしょに読もう！新聞コンクール

主催
日本新聞協会

データ
家族や友だちといっしょに記事を読み、感想・意見などを書いて記事とともに応募するコンクール。
参考／平成24（2012）年は、11月ごろに入選作を発表。

スクラップを応募してみよう！

朝日・新聞スクラップコンクール

主催
全国新聞教育研究協議会、朝日新聞社、朝日学生新聞社

データ
自分で選んだテーマにそって新聞を切りぬいてまとめた作品を募集。
作品の形式は自由だが、切りぬいた新聞名と年月日は必ず記入すること。募集は個人作品のみ。
入選作品は、朝日新聞、朝日小学生新聞、朝日中学生ウィークリー紙上、および全国新聞教育研究協議会のホームページなどで発表。

くろねこの
お助けシート

編集会議、わりつけ、取材、記事を書くときにこまったら、
コピーして使ってみてください。
使いやすいように、自分でアレンジするのもOK！
工夫して新聞作りの達人になりましょう。
「新聞わりつけシート」は、必要なサイズにコピーしてそのまま使えますが、
かべ新聞の場合は下書きとして使ってください。

- ●編集会議録が整理できる　新聞編集会議シート
- ●わりつけがかんたんにできる　新聞わりつけシート
- ●取材に役立つ！　取材シート
- ●記事書きもへっちゃら！　5W1H原稿シート

> コピーするときに、コピー機の倍率を調節すれば、好きな大きさにできるよ。

発行日は？	
新聞名はなにするか？	
みてもらいたい記事は、どんな記事か？	
あなたは記事の内容はだれに聞いて調べるか？	
大きさや発行方法はどうする？	
新聞にはどんな記事をのせるか？	
新聞を作るテーマはどんなか？	
テーマ	決定

新聞編集会議シート　発行日　年　月　日　第　号　担当　組　氏名

新聞わりつけシート (1) うすくコピーして本番に使用。台紙として各自の書いた原稿を貼りつけてもOK。

年　月　日　　　　　　　　　　　　　　　　　　　　第　号

- タイトル
- 大見出し
- 題字
- 四コママンガ
- 写真
- リード
- ①トップ記事
- 第　号　年　組第　班　平成　年　月　日
- ②セカンド記事
- ③サード記事
- 写真
- かこみ記事

	新聞取材シート　　　　　年　組　氏名		
	月　日　発行　第　号　担当		
	質問	記事の種類	答え
1			
2			
3			
4			
5			
メモ			

新聞5W1H整理シート

発行日	
第 号	
担当	
記事	
記事の見出し・テーマ・サイズ・かたち・記事 ( )	

年　組　氏名

5W1H

When いつ（日、時間、季節）	
Where どこで（場所）	
Who だれが（人や生きもの）	
What なにを（なにかをした、なにかをする）	
Why なぜ（目的、理由）	
How どのように（方法）	

メモ

さくいん

ア行
- アンケート ……17、26、27
- インタビュー ……17、26、27
- 大見出し ……22

カ行
- 学習新聞 ……9、38
- かこみ記事 ……22
- 学級新聞 ……8、38
- 学校新聞 ……7、38
- かべ新聞 ……18、38
- キャプション ……32、33
- 切りばり ……35
- 区画ぐみ ……25

サ行
- サード記事 ……30、31、45
- 5W1H ……5、30、31
- 5W1Hシート ……14、15
- 校正 ……14、15
- 号数 ……20
- けい線 ……35
- 写真 ……17、29
- 紙面構成 ……20
- 取材 ……13、26、27
- 取材に必要な持ちもの ……28
- 新聞社のコンクール ……38、39
- 新聞取材シート ……26、27、44
- 新聞作りの7つ道具 ……34

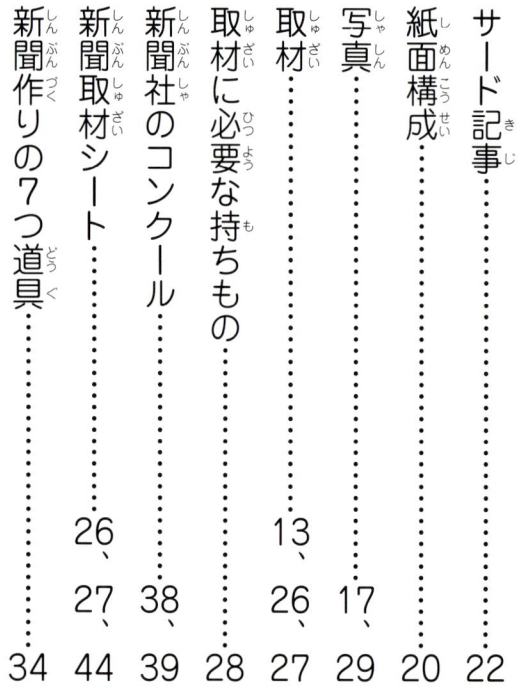

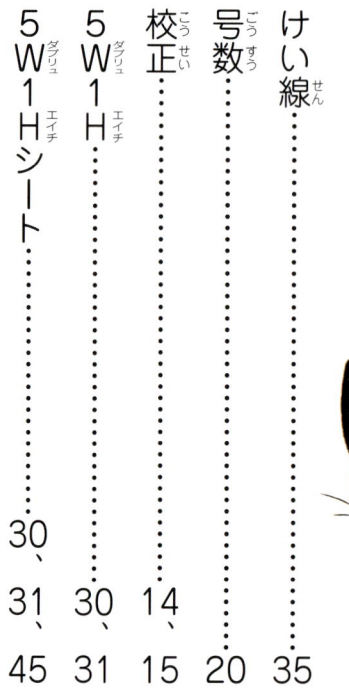

46

タ・ナ行

- セカンド記事 …… 22
- 清書 …… 15、35
- 新聞編集会議シート …… 18、19、40、41
- 新聞発表会 …… 15

タ・ナ行

- 題字 …… 17、20
- 段 …… 17
- トップ記事 …… 13、22
- 流しぐみ …… 24

ハ行

- 発行者 …… 17、19
- 発行日 …… 20
- 編集会議 …… 12、13、16〜18

マ・ヤ行

- 見出し …… 13、14、24、32〜34
- 4コママンガ …… 22

ラ・ワ行

- 欄外 …… 15
- リード …… 22
- わりつけ …… 13、22、24、25、30、32
- わりつけシート …… 42、43

構成・文	絵
古舘綾子（ふるだて　あやこ）	**うしろだなぎさ**

構成・文
古舘綾子（ふるだて　あやこ）
1967年東京生まれ。著書に『でんでんでんしゃがやってくる』（絵・葉祥明）、『はすいけのぽん』（絵・山口マオ）岩崎書店、『いきもの歳時記（全4巻）』（絵・小林絵里子、写真・舘あきら）童心社『妖怪ぞろぞろ俳句の本』（絵・山口マオ）童心社ほか。

絵
うしろだなぎさ
北海道函館生まれ。上京し専門学校を卒業後、漫画家のアシスタントをつとめながら創作活動にはげむ。2012年少年漫画誌で新人賞を受賞、読み切り作品が掲載された。児童書では『名探偵犬バディ』シリーズ（国土社）のさし絵を担当している。

取材協力／毎日新聞社、北海道苫小牧市立泉野小学校、岩手県山田町立大沢小学校、愛知県豊橋市立吉田方小学校
写真協力／舘あきら
デザイン／前原　博
編集協力／海象社

はじめての新聞学習
新聞を作ってみよう！

2013年3月30日　第1刷発行
2019年7月12日　第6刷発行

構成・文　古舘綾子
絵　　　　うしろだなぎさ
発 行 所　株式会社 童心社
　　　　　〒112-0011　東京都文京区千石4-6-6
　　　　　電話　03-5976-4181（代表）
　　　　　　　　03-5976-4402（編集）
印 刷 所　株式会社 光陽メディア
製 本 所　株式会社 難波製本

©2013　Ayako Furudate, Nagisa Ushiroda
Published by DOSHINSHA Printed in Japan
ISBN978-4-494-01279-4

童心社ホームページ　https://www.doshinsha.co.jp/
落丁・乱丁本は、送料小社負担でお取り替えいたします。
本書の無断転載・複写はお断りいたします。
NDC070　48P　30.3×21.6cm

はじめての新聞学習シリーズ　全3巻

- 新聞ってなに？
- 新聞を読んでみよう！
- 新聞を作ってみよう！